一看就懂 一玩就乐
快乐互动 幸福养育

真正的养育在家庭
蒙氏游戏

张先勇◎编著　露露公园◎绘

石油工业出版社

图书在版编目（CIP）数据

真正的养育在家庭. 蒙氏游戏 / 张先勇编著；露露公园绘. -- 北京：石油工业出版社, 2023.7
　　ISBN 978-7-5183-6014-7

Ⅰ.①真… Ⅱ.①张…②露… Ⅲ.①智力游戏–青少年读物 Ⅳ.①G898.2

中国国家版本馆CIP数据核字(2023)第086050号

选题策划：曹秋梅
责任编辑：曹秋梅
封面绘图：姬焰华工作室

出版发行：石油工业出版社
　　　　　（北京市朝阳区安华里二区1号楼　100011）
网　　址：www.petropub.com
编 辑 部：（010）64523559
团 购 部：（010）64523649
经　　销：全国新华书店
印　　刷：北京中石油彩色印刷有限责任公司

2023年7月第1版　2023年7月第1次印刷
880×1230毫米　开本：1/32　印张：2.25
字　　数：35千字
定　　价：29.80元
（如发现印装质量问题，我社图书营销中心负责调换）
版权所有，翻印必究

和孩子一起游戏吧!

成长可以很快乐,养育也可以很快乐,秘诀就是加入孩子的世界,和孩子一起游戏,一起长大!

游戏是孩子的一种语言,无论多大的孩子都喜欢游戏,这是由孩子的心理特点决定的。如果你也掌握了这种语言,你会发现一种更轻松、更有效的养育方式。可以说,游戏是亲子关系的润滑剂,它满足了孩子对父母的依恋、对亲密关系的需求,让孩子的情绪更加健康。

不仅如此,游戏对于孩子的生理发展、认知发展和社会性发展都具有重要的价值。孩子活泼好动,喜欢跳跃奔跑、四处钻爬,而各种身体运动类游戏可以尽情释放其好动的天性,达到锻炼身体、增强体质的目的;孩子对周围的世界充满了好奇,游戏可以满足他们探索世界的愿望,促进创造性思维的发展,提高解决问题的能力;孩子的成长也是一个不断社会化的过程,他们需要学习与人交往的方式,而游戏为孩子提供了社会实践活动的机会,促进了性别的社会化、情感的社会化和道德的社会化。

近年来，游戏的价值越来越受到人们的重视。我国教育部颁布的《幼儿园教育指导纲要》也明确指出，幼儿教育应当以游戏为基本活动。在幼儿园里，游戏已被纳入有目的、有计划的教育活动。在家庭中，游戏式养育也逐渐被广大家长接受和认可。

为了让家庭养育中的游戏更丰富、更有趣，我们特别编写了这套"真正的养育在家庭"丛书，共5册，分别为《真正的养育在家庭 体能游戏》《真正的养育在家庭 感统游戏》《真正的养育在家庭 蒙氏游戏》《真正的养育在家庭 自然游戏》和《真正的养育在家庭 科学游戏》。我们将游戏按教育体系或教学领域进行分类，融科学性与趣味性于一体。

这套"真正的养育在家庭"丛书，完全从家庭应用场景出发，游戏角色以亲子为主，游戏材料在家庭中随处可见，游戏玩法简易有趣，为大家提供了一套游戏式养育的实用方法。

年轻的爸爸妈妈们，让我们全身心地和孩子一起游戏吧！

编者

2023年6月

让每个孩子都适时、适性地成长

蒙台梭利是意大利著名的幼儿教育家,她最初研究智力缺陷儿童的心理和教育问题,后来致力于正常儿童的教育实验。她发现儿童心理缺陷和精神病患的主要问题是教育问题,而不是医学问题,教育训练比医疗更为有效,正常儿童通过训练和教育,完全可以达到更高水平。于是,蒙台梭利于1907年在罗马贫民窟创办了"儿童之家",并逐渐形成一套系统的蒙台梭利教育法。

蒙台梭利教育法打破了传统的教育方法,强调要尊重和把握儿童的敏感期,尊重孩子内在需求,让每一个孩子适时、适性地成长。蒙台梭利教育法特别重视幼儿的生活教育、感觉教育、语言教育、数学教育以及自然人文教育,教育过程中不仅重视发展幼儿的认知能力,更注重培养幼儿主动学习的兴趣,以及独立、进取、坚持、自信、有条理的良好品质。

总之,蒙台梭利教育法蕴含着丰富的教育思想,值得每一位家长在教育实践中去思考与体悟。

 本书所提供的游戏均为亲子游戏,应由成年人陪伴玩耍,在游戏过程中应注意场地安全与操作安全。

目录 contents

感觉游戏

- 靶子游戏 2
- 辨音猜数 3
- 闻香配对 4
- 视线追踪 5
- 水果品尝 6
- 背上作画 7
- 走失的球 8
- 辨音游戏 9
- 画万花筒 10
- 糖水排序 11
- 轻重排序 12
- 触觉分类 13

运动游戏

- 俯仰前行 15
- 踮脚走路 16
- 毛线贴画 17
- 仰卧蹬脚 18
- 俯地拉力 19
- 纸团棒球 20
- 穿针连珠 21
- 保龄球 22
- 舀豆子，装瓶子 23
- 卷纸棒 24
- 拔河游戏 25
- 投壶游戏 26

语言游戏

- 梦境旅行 28
- 故事接龙 29
- 地图解说 30
- 推销员 31

- 连词成句 32
- 电话游戏 33
- 联想故事 34
- 家庭绘本剧 35
- 故事改编 36
- 绅士模仿秀 37
- 一起听故事 38
- 今日主播 39

数学游戏
- 按数取物 41
- 积木摆数 42
- 圈数字 43
- 吸管量高 44
- 编图形 45
- 学序数 46
- 消失的数字 47
- 加法站位 48

- 橡皮泥 49
- 量水游戏 50
- 规律排序 51
- 纸牌凑加 52

探索游戏
- 鞋盒房子 54
- 七色陀螺 55
- 鸡蛋沉浮 56

- 陶土茶壶 57
- 花样剪纸 58
- 自制日晷 59
- 自制吉他 60
- 纸牌高塔 61
- 演奏玻璃杯 62
- 看水行走 63

感觉游戏

蒙台梭利曾说"感官是心灵的窗户,感官对智力发展具有头等重要性",人就是通过看、听、闻、尝和触碰来感知这个世界。感觉类游戏,就是要为幼儿的视觉、听觉、嗅觉、味觉和触觉发展提供丰富的刺激,从而发展和训练幼儿的感知能力。

🎈 主要目标

锻炼孩子的视觉记忆能力,训练孩子的身体感知能力。

🎲 活动准备

笔、纸、眼罩。

🍅 游戏玩法

- 家长在纸上画3个同心圆当作"靶子",贴在墙壁上,与孩子的额头齐平。
- 让孩子站在距离"靶子"两米之外的地方,戴上眼罩,伸直胳膊,慢慢地一步一步向前移动,直到手指触碰到"靶子"为止。逐渐增加难度,分别指向靶子的不同环上。
- 提醒孩子不要走得太快,不要太用力去触碰"靶子"。

辨音猜数

🍊 **主要目标**

训练孩子的听觉辨别能力,提高孩子的专注力。

🧊 **活动准备**

不透明的瓶子1个,花生若干。

🍊 **游戏玩法**

- 家长和孩子面对面而坐,首先让孩子转过身去,家长数出几颗花生装进瓶子里,盖上盖子。
- 让孩子转过身来,摇晃瓶子,通过声音辨别瓶子里有几颗花生。

闻香配对

🎈 **主要目标**

训练孩子的嗅觉灵敏性。

🧊 **活动准备**

棉球 10 个,香精 5 种(或者用各种带香味的日用品代替)。

🍊 **游戏玩法**

- 家长首先将每种香精分别滴在两个棉球上,制作出 10 个带香味的棉球。
- 把 10 个带香味的棉球打乱摆在桌子上,让孩子仔细嗅闻,把相同香味的棉球进行两两配对。

视线追踪

🎈 主要目标

训练孩子的视觉注意力和耐心。

🍂 活动准备

白纸若干张，彩笔2支。

🍊 游戏玩法

- 家长先按图制作一张视线追踪图，然后让孩子在同一线条的首尾写上相同的数字。
- 家长还可以用笔在一张白纸上随意画一些曲线，然后让孩子用另一种颜色的笔把这些线条描出来。

主要目标

训练孩子的味觉辨别力,促进孩子的味觉发展。

活动准备

各种水果,勺子,眼罩。

游戏玩法

- 给孩子蒙上眼睛,家长把切成小块的水果放进孩子的嘴里,让孩子说出是什么水果。
- 增加游戏的难度,家长将两块不同的水果放进孩子的嘴里,让孩子说出是哪两种水果。依此类推,不断改变水果的组合方式。

背上作画

🎈 主要目标

增强孩子的触觉感受力,提高孩子的专注力。

🍂 活动准备

无。

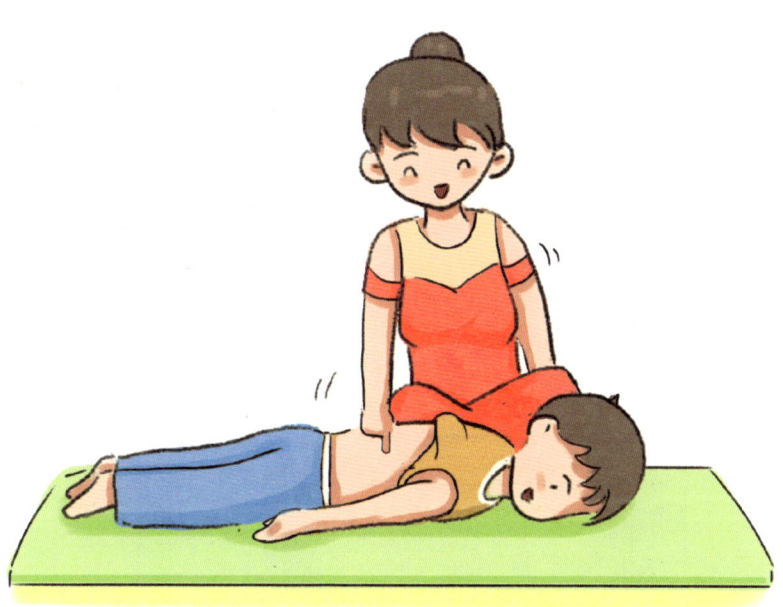

🍊 游戏玩法

- 让孩子趴在地上或床上,露出后背,闭上眼睛。
- 家长用手指轻轻地在孩子背上画画,比如,一朵花,或一棵树。
- 让孩子说一说家长画了一幅什么画,并谈谈自己的感受。

走失的球

🍅 主要目标

锻炼孩子的视觉注意力，提高孩子的观察能力。

🎲 活动准备

空碗 3 个，玻璃球 1 颗。

🍅 游戏玩法

- 家长和孩子面对面坐着，家长将 3 个空碗全部扣在桌子上，然后将玻璃球藏到其中一个碗里。
- 家长当着孩子的面调换 3 个碗的排列顺序，然后让孩子说出玻璃球在哪个碗里。
- 家长依据孩子的观察能力来调整调换碗的速度。

辨音游戏

🍊 主要目标

训练孩子的听觉辨识能力以及节奏感,提高孩子对音乐的感知能力。

🎲 活动准备

辨音器1个。

🍊 游戏玩法

- 家长在辨音器上任意敲出一个音符,告诉孩子这是什么音。多重复几次,让孩子仔细聆听并记下来。
- 家长连续敲2~3个音,让孩子说出来是哪些音。
- 当孩子熟悉后,家长可以任意说一个音符,让孩子在辨音器上敲出来。

画万花筒

🍊 主要目标

训练孩子的视觉记忆能力。

🎲 活动准备

彩笔，纸，万花筒。

🍊 游戏玩法

- 让孩子仔细观察万花筒内的图案，努力记下图形与颜色。
- 5分钟后，让孩子将万花筒内的图案画在纸上。根据孩子的意愿，画出任意一组图案即可。

糖水排序

🎈 主要目标

锻炼孩子的味觉辨识能力。

🧩 活动准备

记号笔，水杯4个，白砂糖。

🍊 游戏玩法

- 家长给4个水杯编好号，倒入同样多的凉白开水，再按序号在4个水杯里分别不加糖、半勺、一勺、两勺糖。搅拌一下。
- 将杯子的顺序打乱，让孩子进行品尝，然后按甜度对4杯水进行排序。

轻重排序

🍊 主要目标

让孩子感知轻重的差异，训练孩子的感知能力。

🎲 活动准备

大小相同的不透明的瓶子或杯子 5 个，小电子秤 1 台。

🍊 游戏玩法

- 家长在 5 个不透明的杯子里装上不一样多的水，并称出重量，做出标记。
- 将瓶子随机摆放在桌子上，让孩子掂一掂轻重，然后按从重到轻的顺序对这 5 杯水进行排列。

触觉分类

主要目标

训练孩子通过触摸来识别物体,提高孩子的触觉感知力。

活动准备

纸箱1个,眼罩,不同材质的纸张各1张(要求粗糙程度不一样)。

游戏玩法

- 家长将4种不同材质的纸张裁剪成大小一样的纸片,然后全部装进箱子里。
- 让孩子戴上眼罩,在纸箱中触摸,根据这些纸张的粗糙程度进行分类。分完后摘下眼罩进行验证。
- 可以先从2种纸张的分类开始,逐步增加难度。

运动游戏

在蒙台梭利看来,运动不仅能促进孩子的生理发育,更重要的是促进孩子心智和心理的成长。她认为心理发展和精神发展都离不开运动。

蒙台梭利还敏锐地发现,孩子手的发育与智力的发育关系非常密切,因此她非常重视手部精细动作的训练。

俯仰前行

🎈 主要目标

练习以俯姿、仰姿的方式前行,锻炼孩子四肢及肩背肌肉的力量。

🎲 活动准备

瑜伽垫。

🍊 游戏玩法

- 让孩子俯撑在垫子上,脚面绷直触地,手指朝前,两臂交替行进,靠手臂力量使身体向前移动。
- 让孩子仰躺在垫子上,两臂弯曲放于体侧,右脚蹬地时右肩前移,左脚蹬地时左肩前移,两脚交替用力,使身体向前移动。

踮脚走路

🍊 主要目标

锻炼孩子下肢肌肉的力量以及脚腕的灵活性。

🎲 活动准备

长绳1根。

🍊 游戏玩法

- 开始游戏前,家长和孩子一起做热身活动,放松全身,特别是踝关节。
- 家长将长绳摆在地面上,让孩子沿着长绳用脚尖走路,持续行走3分钟。
- 让孩子再换成脚跟走路,同样持续行走3分钟。

主要目标

锻炼孩子的小肌肉,提高孩子的手脑协调能力。

活动准备

纸,笔,毛线,胶水。

游戏玩法

- 家长或孩子在白纸上画一幅简笔画,比如,一朵花。
- 让孩子在毛线上涂上胶水,沿着简笔画的线条将毛线贴上去。这样一幅毛线贴画就完成了。
- 孩子还可以按自己的想法直接用毛线贴画,不必先用笔画下来。

仰卧蹬脚

🍊 主要目标

练习用力蹬脚的动作,锻炼孩子腿部肌肉的力量。

🎲 活动准备

光滑的垫子1块。

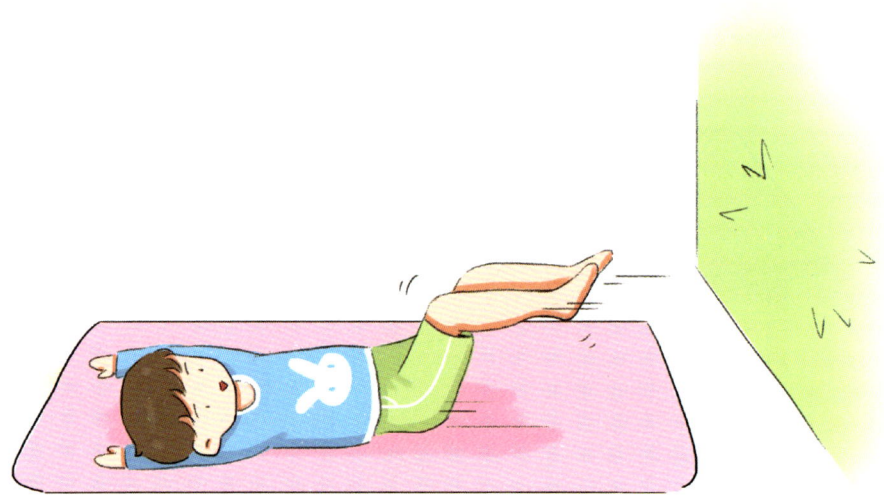

🍊 游戏玩法

- 把垫子放在墙边,让孩子仰卧在上面,膝盖弯曲,脚底贴在墙壁上。
- 双手向头顶方向伸直,双脚朝墙壁用力蹬,使身体向前滑出。
- 垫子底部要光滑,孩子的头部位置要清空障碍。

俯爬拉力

主要目标

锻炼孩子手臂肌肉的力量。

活动准备

长绳1根。

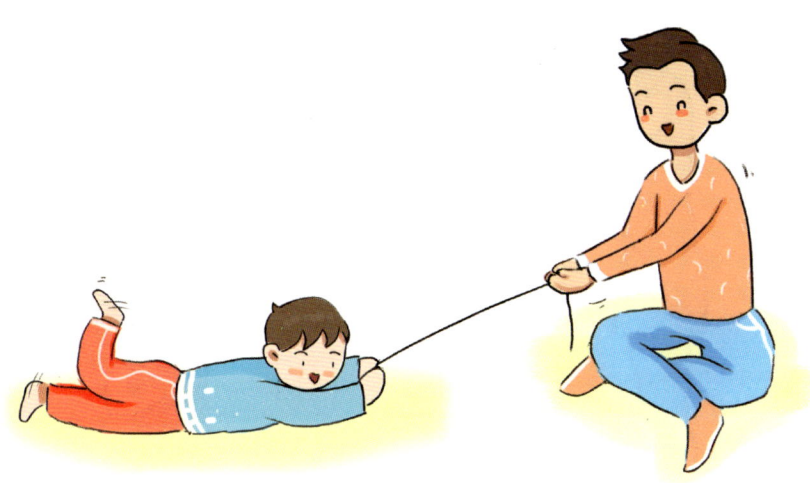

游戏玩法

- 家长坐在前方,手持长绳一端。
- 孩子俯卧在地上拉住长绳,离家长3~5米远,通过用力拉绳子带动自己的身体向前滑行。
- 孩子不断拉拽绳子,身体向前行,家长保持不动。

纸团棒球

🍊 主要目标

模拟打棒球的游戏,锻炼孩子的手臂肌肉力量,提高身体的协调性。

🎲 活动准备

塑料瓶,纸团。

🍊 游戏玩法

- 把纸团当作棒球,塑料瓶当作球棒。
- 孩子向上扔纸团,家长用瓶子击打纸团。
- 交换角色,家长扔纸团,孩子用瓶子击打纸团。
- 增加难度,可在前方设定一个目标,要求纸团击中目标。

穿针连珠

主要目标

训练孩子的小肌肉，发展孩子手眼协调的能力。

活动准备

中间有孔的塑料珠子，针，棉线。

游戏玩法

- 家长先做示范，用左手捏住塑料珠子，右手将穿着棉线的针，穿过塑料珠子中间的孔，连续穿几颗。
- 让孩子学着家长的方法和步骤，把其他的塑料珠子穿好。
- 让孩子左右手交替进行练习，并尝试穿出不同的样式。

🍊 主要目标

训练孩子的小肌肉，发展孩子手眼协调的能力。

🎲 活动准备

塑料瓶，小皮球。

🍊 游戏玩法

- 在地上画一条直线，把塑料瓶摆在线外，家长和孩子站在离瓶子3米的位置。
- 家长示范动作要领：双臂与肩膀齐平，一只手拖着皮球，双脚交替迈步向前做助跑动作，4步后将手中的皮球丢向瓶子，将瓶子击倒。（具体动作可在网上找视频看）
- 让孩子学习家长的动作进行游戏。这个游戏中动作的准确性很重要。

舀豆子，装瓶子

🎈 主要目标

锻炼孩子对手部肌肉的控制能力，发展孩子的手眼协调能力。

🧊 活动准备

绿豆，勺子，瓶子，盘子。

🍊 游戏玩法

- 让孩子用左手握住勺子，盛一勺绿豆，然后装入瓶子里。
- 瓶子装满后再把绿豆倒出来，重新游戏。
- 游戏一段时间后，让孩子换右手继续游戏。

主要目标

锻炼孩子对手部肌肉的控制力量,发展孩子的手眼协调能力。

活动准备

杂志,报纸,A4 纸,透明胶带。

游戏玩法

- 家长先为孩子做示范:把杂志平放在桌子上,双手抓住装订的一边,慢慢将其卷成一个纸棒,再用透明胶带固定好。
- 孩子按照家长的方法,练习卷纸棒。先用杂志卷,再用报纸和 A4 纸卷。尽量把纸棒卷得又紧又整齐。

主要目标

锻炼孩子手臂力量和全身肌肉的力量,发展身体的协调能力。

活动准备

长1米的木棒1根。

游戏玩法

- 家长和孩子面对面站立,用双手各抓住木棒一端,放在身体的一侧,不要正对身体。
- 两人都将木棒向自己的方向拉。
- 家长要控制好力度,小心不要让孩子受伤。木棒也可用其他物品代替。

🎈 主要目标

锻炼孩子的上肢肌肉力量和肌肉控制能力,促进孩子手眼协调能力的提高。

🎲 活动准备

敞口塑料桶,1把小木棍。

🏮 游戏玩法

- 选择一块空地,把塑料桶摆在中间,并用重物压住桶底,使之保持稳固。
- 家长和孩子都站在离塑料桶1米之外的位置,将小木棍一根一根地扔进桶里。
- 投掷时可以尝试各种方法,如横向投、顺向投,看哪一种方法更容易将小木棍准确地投进桶里。

语言游戏

蒙台梭利认为，孩子语言的发展是有敏感期的，错过语言的敏感期，会阻碍语言的发展。3岁之前是语言的敏感期，2~6岁是阅读和书写的敏感期。

语言的学习主要来自听、说和模仿，因此，我们要在孩子6岁之前为他们提供丰富的语言学习环境，通过多种语言游戏来加强孩子的语言学习。

梦境旅行

🎈 主要目标

通过幻想游戏,锻炼孩子的语言表达能力和想象力。

🎲 活动准备

瑜伽垫。

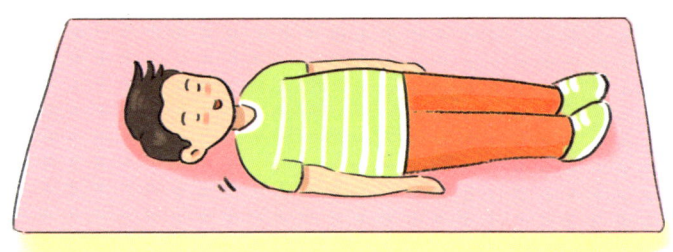

🍊 游戏玩法

- 家长和孩子身心放松,一起平躺在垫子上,闭上眼睛,想象自己在一个美丽的森林公园里旅行。
- 让孩子开始讲述自己的"梦境",比如,自己看到了什么,听到了什么,遇到了什么有趣的事。
- 家长加入孩子的"梦境",和孩子一起讲述两人相遇的故事。

故事接龙

🍊 主要目标

锻炼孩子当众讲述的能力和想象力。

🍊 活动准备

地垫若干。

🍊 游戏玩法

- 所有家庭成员围坐在地上，身心放松。大家一起拟定一个主题，比如，"仙国奇遇记"，然后轮流讲述一段故事。
- 一个人讲完后，要说"然后……"，由下一个人接着讲。只要情节继续发展，就可以一直讲下去。

🎈 主要目标

训练孩子对方位词的运用,锻炼孩子的语言表达能力和空间想象能力。

🎲 活动准备

地图 1 幅。

🍅 游戏玩法

- 家长在地图上任意标一个起点和终点,并用彩笔画出路线。
- 让孩子沿着标出的路线,用方位词介绍如何从起点走到终点。
- 在地图解说游戏中主要练习的方位词是"东、西、南、北"。

推销员

主要目标

训练孩子的语言组织能力，锻炼孩子的逻辑思维。

活动准备

各种玩具。

> 这是个汽车玩具，有4个轮子……

游戏玩法

- 家长首先充当推销员，拿起1个玩具向孩子简单介绍："这是个汽车玩具，有4个轮子，带1个大货厢，拧几下发条，它就能自己行驶，小朋友你喜欢吗？喜欢就买下吧！"
- 交换角色，由孩子来向家长推销一款其他玩具。家长在这个过程中可以不断地提问，引导孩子从不同的角度来介绍玩具。

连词成句

🎈 主要目标

练习用词语造句,锻炼孩子的语言组织能力。

🎲 活动准备

识物图卡1套(1张卡片上只有1个物体)。

蛋糕是用鸡蛋做的。

🎮 游戏玩法

- 给孩子展示1张识物图卡,例如,鸡蛋,然后用1张蛋糕的图卡与之搭配,问孩子:"鸡蛋和蛋糕有什么关系?"以此引导孩子用2张图卡的内容造句。孩子可能说:"蛋糕是用鸡蛋做的。"
- 家长用同样的方法不断引导孩子用词造句。

电话游戏

主要目标

训练孩子连贯表达的能力和语言的逻辑能力。

活动准备

纸杯2个,长线1根。

游戏玩法

- 将2个纸杯用长线连接起来,做成电话筒。
- 大人和孩子各执一端,拉紧长线,一个讲话、一个听,让孩子体验纸杯内共鸣的声音。
- 家长引导孩子一问一答,用准确的语言表达自己的想法,并学着使用礼貌用语。

联想故事

🍎 主要目标

训练孩子连贯表达的能力和语言的逻辑能力,并锻炼孩子的想象力。

🎲 活动准备

识物图卡1套(1张卡片上只有1个物体)。

🍊 游戏玩法

- 家长随机拿出4张识物图卡(如伞、苹果、太阳、金币),为孩子编一个故事:"有一天太阳很晒,我外出时打了一把伞,但没过多久又口渴了,我便去买了一个苹果吃,结果你猜怎么着?我从苹果里面吃出一个金币。"
- 家长引导孩子再用这些识物图卡编一个新的故事。
- 家长再随机抽出几张识物图卡,让孩子继续去编不同的故事。图卡的数量依据孩子的实际情况进行调整。

家庭绘本剧

🟠 主要目标

练习当众说话与表现，培养孩子的语言理解能力和表达能力。

🧊 活动准备

绘本1本，并依据绘本角色制作相应的头饰。

🟠 游戏玩法

- 选择一本绘本，先讲一讲这个故事。
- 当孩子对故事情节相对熟悉后，家庭成员进行角色分工。
- 大家戴上头饰进行表演，要鼓励孩子大胆表现。
- 表演结束后，评选出最佳演员。

主要目标

锻炼孩子的阅读理解能力和想象力。

活动准备

绘本1本,要求故事性较强。

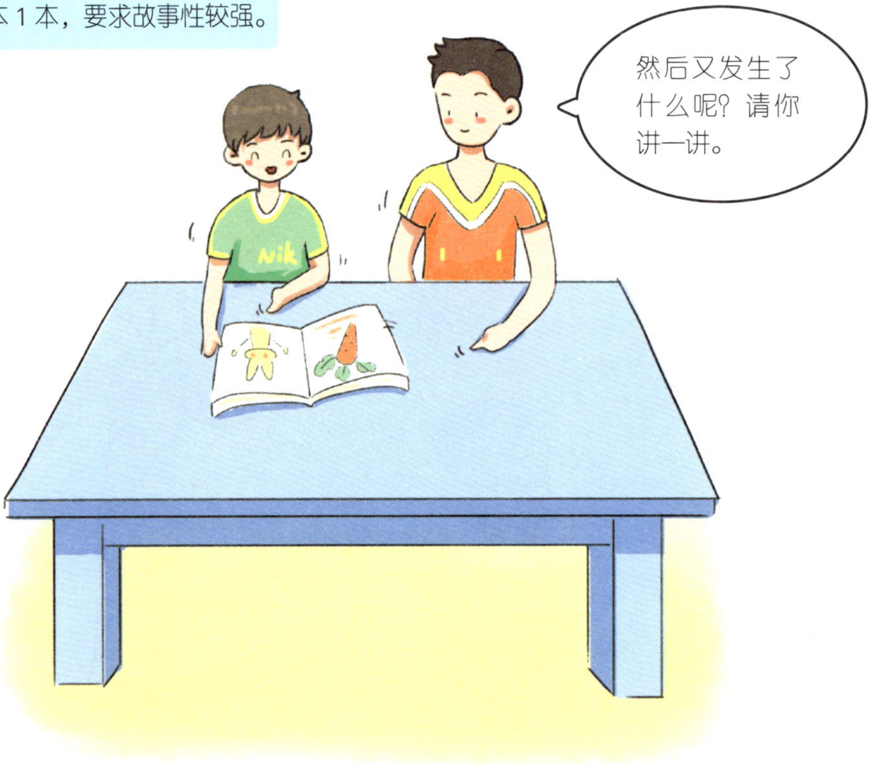

游戏玩法

- 家长和孩子一起阅读绘本,注意要多读几遍,让孩子对故事每一个细节都有深入的了解。
- 当孩子比较熟悉故事后,鼓励孩子进行改编,可以改编故事的过程,也可以为故事另编一个结尾。

绅士模仿秀

🟠 主要目标

锻炼孩子的语言能力，掌握一定的社交礼仪。

🎲 活动准备

穿衣镜1面。

🍊 游戏玩法

- 教孩子模仿绅士的样子，站立时腰背要挺直，说话时面带微笑，语速适中，听别人说话时要保持专注，眼睛注视对方。
- 让孩子独自站在穿衣镜面前，面对镜中的自己说话，不断调整自己言语与举止，使自己更符合绅士的形象。

一起听故事

🎈 **主要目标**

锻炼孩子倾听和表达的能力,培养孩子的专注力。

🎲 **活动准备**

手机 1 部。

宝宝,你已经听了 3 遍,现在请你给妈妈讲一遍这个好听的故事吧!

🍊 **游戏玩法**

- 家长先用手机播放一个故事给孩子听,让孩子听两三次后复述出来。
- 由孩子自己讲述一个故事,用手机录下来,再播放给家长听。
- 鼓励孩子经常读书,还可以把自己喜欢的故事录下来,然后播放给自己听。

今日主播

🍊 主要目标

练习当众说话，锻炼孩子的语言组织能力和表达能力。

🎲 活动准备

桌子，玩具话筒。

🍊 游戏玩法

- 让孩子模仿电视主播，播报新闻。
- 在孩子播报前，家长和孩子一起讨论播报主题，确定新闻稿，要求条理清晰。
- 让孩子熟悉要播报的内容，然后脱稿播报。

数学游戏

　　数学是一门逻辑性很强的基础学科，而数学逻辑能力则是最重要的学习能力。蒙台梭利认为，儿童数学能力的萌芽出现在 1~3 岁，此时孩子对事物间的排序、分类、配对表现出强烈的兴趣，而数字、几何图形及测量敏感期则出现在 4 岁左右。

　　如果家长能抓住时机，针对孩子在不同时期的学习需求给予适当的刺激，并提供必要的教具及良好的学习氛围，孩子的数学能力就会得到迅速发展，且将终身受益。

按数取物

🟠 **主要目标**

练习按数取物,理解数字的意义。

🎲 **活动准备**

自制 1~10 的数字卡,积木若干。

🟠 **游戏玩法**

- 将标有 1~10 的数字卡反扣在桌面上,将若干块积木摆在中间。
- 首先让孩子从数字卡中随机抽取一张,抽到的数字是几,就取回几块积木。
- 家长和孩子一起游戏,轮流抽卡,抽完后数一数各取回了几块积木。

积木摆数

🎈 主要目标

练习用积木以创意的方式摆出数字,增强孩子对数字的记忆。

🎲 活动准备

长方体积木若干。

🍅 游戏玩法

- 家长首先示范用积木摆出两个数字,比如,0和2,然后让孩子用同样的方式,把数字0~9都摆出来。每个数字最多只能用7块积木。
- 让孩子说一说,摆每一个数字分别用了多少块积木。
- 还可以用积木摆出几何图形,如正方形、长方形、三角形。

 圈数字

🍊 主要目标

提高孩子的数字认知能力,培养孩子专注力。

🎲 活动准备

白纸1张,铅笔。

🍊 游戏玩法

- 家长首先在白纸上任意写几行数字,行距稍大一些,把整张纸占满(如图所示)。
- 家长发出指令,孩子按照指令圈出数字。比如,圈出所有的3、5、7,圈出所有的2、4、6,依次圈出1~9,等等。

🎈 主要目标

让孩子理解高与矮的概念，并掌握测量的方法。

🎲 活动准备

胶带，吸管若干。

🍊 游戏玩法

- 家长和孩子都靠墙站好，并在墙上标记出每个人的身高。
- 家长和孩子一起动手，将吸管一根一根连接到一起，接口处用胶带粘好，一直接到墙上身高的标记处。
- 数一数量家长和孩子的身高分别用了多少根吸管。

主要目标

增强孩子对正方形、长方形、三角形等几何图形特征的理解。

活动准备

毛线1团,椅子若干。

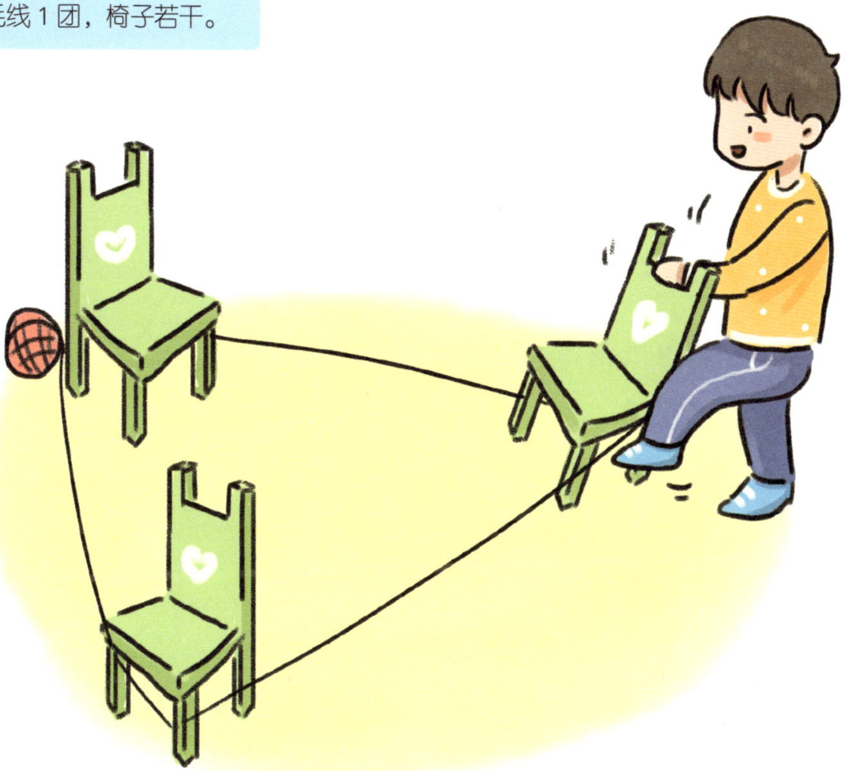

游戏玩法

- 让孩子以椅子为顶点,毛线为边线,在室内摆出各样的几何图形。
- 将3把椅子摆成三角形,将4把椅子摆成正方形和长方形。
- 请孩子注意观察几何图形的特点。

学序数

🎈 主要目标

让孩子了解序数的含义,认识 1~10 的序数,学会确定物体在序列中的位置。

🎲 活动准备

小动物玩具10个。

🍎 游戏玩法

- 家长将10个小动物玩具摆在桌子上,排成一列,让孩子数一数一共有多少个。
- 从1~10,依次说出"第1个""第2个""第3个"……
- 家长从中随机抽出一个小动物玩具,问孩子:"这个玩具排第几?"让孩子回答。

消失的数字

🍊 主要目标

让孩子熟悉数字 1~10,理解数字之间的顺序,并培养孩子的观察力。

🎲 活动准备

数字卡片。

🍊 游戏玩法

- 家长将数字卡片按照顺序排列在桌子上,请孩子闭上眼睛,再随机从中拿走一张。
- 请孩子睁开眼睛,看看缺少了哪张数字卡片。
- 孩子回答正确后,继续游戏。

🎈 主要目标

锻炼孩子的加法运算能力,提高孩子的专注力。

🎲 活动准备

数字卡(1~10)。

🍊 游戏玩法

- 把数字卡随意摆在地板上,距离不要太远,以便游戏者可以接触到。
- 每位参与游戏者各站在一个数字卡上,比如,妈妈站的是数字1,爸爸站的是数字6,那么孩子就应站数字7上,因为1加6等于7。
- 选出一个人当裁判,裁判任意喊一个数字,其余两人分别跳到数字卡上,其对应的数字之和必须等于裁判喊出的数字。

主要目标

让孩子认识体积的概念,了解体积的意义。

活动准备

大小一样的橡皮泥 2 块。

游戏玩法

- 把 2 块橡皮泥放在桌子上,让孩子仔细观察它们是不是一样大。
- 家长将其中一块橡皮泥捏成球体,另外一块捏成圆柱体,再放在桌子上,让孩子观察是不是一样大。
- 让孩子自己将橡皮泥捏成一些其他的形状,再进行比较。让孩子理解虽然这些物体形状不同,但是体积是一样大的。

量水游戏

🎈 主要目标

让孩子认识容器的容积。

🎲 活动准备

形状不同的透明瓶子4个，漏斗1个，杯子1个。

🏮 游戏玩法

- 在4个透明瓶子里分别倒入1杯水，注意注入的水要一样多，倒水时使用漏斗，不要让水流出来。
- 家长把4个装好水的瓶子并排摆放在桌子上，让孩子观察瓶内的水，看哪个瓶子里的水多，哪个瓶子里的水少。
- 让孩子思考为什么每个瓶子里装的水一样多，看起来却不一样。

规律排序

🍊 主要目标

让孩子能创造有规律的排列方式，理解 ABC、AABB 等模式。

🍃 活动准备

自制若干表情图卡。

🍊 游戏玩法

- 家长按照 ABC 的规律依次进行排列，看看这些表情图卡能排列多少次？
- 让孩子寻找其中的规律，再用表情图卡按规律摆下去。
- 家长不断地变换摆放的规律，比如，AABB、ABAB 等，孩子继续按规律摆下去。

🎈 主要目标

让孩子练习 10 以内的加减法。

🎲 活动准备

纸牌 1 副。

🍊 游戏玩法

- 准备 1 副纸牌，从中将方片、梅花、红桃、黑桃 4 种花色按 1~9 的顺序挑出来。
- 将 1 张数字为 10 的纸牌放在旁边，告诉孩子游戏的目的就是要将 2 张牌的数字加到一起，使之等于 10。
- 洗好 36 张数字牌，两人轮流抓牌，抓完后将自己手中的牌进行组合，凡两两之和为 10 的牌都放在桌子上。
- 全部组合完后，剩余牌少的人从对方手中抽牌，抽到最后，看看有没有可能和自己手中的牌组成 10，如果有就再放在桌子上。
- 按照上面的方法，轮流抽牌，看看谁的牌最先被抽完。

探索游戏

孩子生来就有探索周围世界的欲望，会抓住一切机会学习关于世界的知识。蒙台梭利鼓励孩子在他们的认知范围内去探索感兴趣的事物。孩子不论年龄大小，都能通过看、摸、尝、听、嗅了解世界上的诸多事物。他会对此展开讨论、探索、解释、实践，并且随时准备更进一步探索。

因此，在家庭中，我们要为孩子营造一种没有约束力的环境，通过各种游戏活动激发孩子的创造力，为孩子打好探索、体验、观察、解决问题的基础。

鞋盒房子

🍊 主要目标

练习创造性地搭建，培养孩子的空间想象能力。

🎲 活动准备

各种鞋盒，剪刀，胶带，彩笔。

🍊 游戏玩法

- 将各种鞋盒去掉盒盖，平铺在地上，形成一个房间的平面图。孩子依据自己的设计对室内进行装饰，如用剪刀剪出门和窗户，用彩笔为地板与墙壁涂上色彩，还可以设计各种各样的家具摆放在房间内。
- 将各种鞋盒搭建成一座楼房。孩子还可以为楼房制作出屋顶、楼梯，裁剪出门窗。

七色陀螺

🍊 主要目标

探索色彩在旋转状态下的变化,丰富孩子的视觉体验。

🎨 活动准备

白卡纸1张,七色彩笔1套,圆规1支。

🍊 游戏玩法

- 用圆规在白纸上画一个圆,并把圆分成7份,给每一份涂上一种颜色。
- 把七色圆剪下,从圆心处穿上一支铅笔或筷子。家长手执铅笔或筷子上端转动,请孩子观察一下七色圆的颜色有什么变化。

鸡蛋沉浮

🎈 主要目标

让孩子认识沉浮现象,激发孩子从小爱科学的兴趣。

🎲 活动准备

盐水,清水,鸡蛋,杯子。

(清水)

🍊 游戏玩法

- 家长准备1杯盐水和1杯清水,摆在桌子上。
- 首先把1个鸡蛋放入清水中,会发现鸡蛋沉入杯底。
- 再让孩子把1个鸡蛋放入盐水中,会发现鸡蛋浮在上面。
- 让孩子继续往盐水里加盐,观察会发生的变化。

陶土茶壶

🟠 主要目标

让孩子体验制作模型的乐趣,培养孩子的动手能力与观察能力。

🎲 活动准备

陶土1包(可用橡皮泥替代),茶壶1个。

🍊 游戏玩法

- 让孩子认真观察茶壶的特点,然后模仿茶壶的形状、样式,用陶土制作一个茶壶的模型。
- 让孩子依据自己的想象与设计,再制作一种茶壶。
- 鼓励孩子用陶土制作家里的家具、家电、工具、器皿等模型。

花样剪纸

🎈 主要目标

让孩子体验剪纸的乐趣,培养孩子的创造力和构造搭配能力,锻炼其手部灵活度。

🎲 活动准备

彩纸,剪刀。

🍊 游戏玩法

- 家长先给孩子做示范:将彩纸折叠为各种形状,在适当位置裁剪,然后展开,获得各种图案。
- 与孩子一起叠纸、裁剪,可以从最简单的空心圆做起,逐步增加难度。
- 与孩子根据一定规范进行创意性折叠、裁剪,看能得出什么样的图案。

主要目标

学习记录日照与时间的关系,探索计时的方法。

活动准备

纸张,长钉,铅笔。

游戏玩法

- 选择一个阳光明媚的日子进行游戏。
- 首先找一块向阳的地方,把白纸贴在墙上,然后在白纸的中央钉上一个长钉,这样它就会在白纸上投射一个影子。
- 孩子用铅笔把钉子的影子描出来,并对照时钟写上时间。
- 在不同的整点时间去观察影子的变化,同样用铅笔做好记录。
- 持续几个小时后,你就可以清晰地看见阳光照射的角度与时间的关系了。

主要目标

感知琴弦振动与高低音的关系,探索吉他的发声原理。

活动准备

皮筋4根,小铁盒1个,铅笔2支。

游戏玩法

- 将4根皮筋套在铁盒上,拨动皮筋就会发出声音。
- 将2支铅笔插在皮筋和铁盒之间,再一次拨动皮筋,让孩子听一听声调有什么不一样。
- 让孩子尝试在不同的位置拨动,找出声调变化的规律。

纸牌高塔

主要目标

在搭建游戏中感知三角形的稳定性,锻炼孩子的耐心。

活动准备

纸牌1副。

游戏玩法

- 这是一个简单的游戏,但需要有耐心去完成。因此,在游戏前,家长要激发孩子敢于挑战的信心。
- 家长和孩子一起搭建,家长首先示范,孩子跟着学。
- 在一块表面粗糙的空地上,用4张纸牌摆成2个倒置的"V"形,2个倒置"V"形顶部平放一张纸牌,使其保持稳定,然后以同样的方法在旁边和上部继续搭建。

演奏玻璃杯

🎈 主要目标

探索音调的规律，发展孩子的创造力。

🎲 活动准备

玻璃杯，水，铅笔，色素。

🏮 游戏玩法

- 准备7个形状与大小都一样的玻璃杯，留下1个空的作为基调，然后依次在其他玻璃杯中倒上水。每一个玻璃杯中的水都要比前一个多一点儿。
- 为了美观和便于识别，分别在玻璃杯中加入不同的食用色素。
- 用1支铅笔按顺序轻轻地敲击玻璃杯的一侧，会发现装水最多的玻璃杯发出的音调也最高。
- 让孩子尝试用玻璃杯演奏一些简单的曲调。

主要目标

观察水的流动以及色彩的变化,培养孩子的观察力与动手能力。

活动准备

玻璃杯,水,厨房用纸,食用色素。

游戏玩法

- 准备7个形状与大小都一样的玻璃杯,把它们排成一列,在第一个杯子里装入水,然后每隔一个杯子往里倒水。也就是说,在两个装水的杯子之间,总会有一个空玻璃杯。
- 在每杯水里加上食用色素,分别为红色、蓝色、黄色、红色。
- 将6张厨房用纸分别折成细长的条状,一端放进装水的玻璃杯中,另一端放在旁边的空玻璃杯中。对所有的玻璃杯都重复这个操作。观察会出现什么现象。

· 真正的养育在家庭 ·

"真正的养育在家庭"系列图书主要以家庭为应用场景,以亲子游戏为内容,从操作层面为家长提供了一系列游戏式养育的方法,以此帮助家长培育孩子的体能、智力和社会性能力。

《真正的养育在家庭 蒙氏游戏》通过感觉、运动、语言、数学、探索等蒙氏游戏,发展孩子的认知能力,培养其主动学习的兴趣,以及独立、自信、坚持的良好品质。

《真正的养育在家庭 体能游戏》通过基于60种基本动作练习的体能运动,来发展孩子的身体素质,促进其意志品质的提升。

《真正的养育在家庭 感统游戏》为促进孩子视、听、嗅、味、触及平衡感的统合发展,创设了一系列在家庭中就可以有效实施的游戏方案。

《真正的养育在家庭 科学游戏》通过丰富的科学游戏,激发孩子对科学探索的兴趣,培养孩子勇敢尝试、积极探索的学习品质。

《真正的养育在家庭 自然游戏》创造孩子与自然接触的机会,支持孩子在自然中开展感知、探究、种植、手工与艺术游戏,尊重孩子亲近自然的天性,帮助孩子建立与自然的纽带。